Peter Hanau
Deregulierung des Arbeitsrechts –
Ansatzpunkte und verfassungsrechtliche Grenzen

Schriftenreihe
der
Juristischen Gesellschaft zu Berlin

Heft 154

1997
Walter de Gruyter · Berlin · New York

Deregulierung des Arbeitsrechts – Ansatzpunkte und verfassungsrechtliche Grenzen

Von
Peter Hanau

Erweiterte und aktualisierte Fassung eines Vortrages
gehalten vor der
Juristischen Gesellschaft zu Berlin
am 19. Februar 1997

W
DE
G

1997
Walter de Gruyter · Berlin · New York

Dr. Dres. jur. h. c. *Peter Hanau,*
o. Professor an der Universität zu Köln,
Geschäftsführender Direktor des Forschungsinstituts
für Sozialrecht an der Universität zu Köln

♾ Gedruckt auf säurefreiem Papier,
das die US-ANSI-Norm über Haltbarkeit erfüllt.

Die Deutsche Bibliothek – CIP-Einheitsaufnahme

Hanau, Peter :
Deregulierung des Arbeitsrechts – Ansatzpunkte und verfassungsrechtliche Grenzen : erweiterte und aktualisierte Fassung eines Vortrages,
gehalten vor der Juristischen Gesellschaft zu Berlin am 19. Februar
1997 / Peter Hanau. – Berlin ; New York : de Gruyter, 1997
  (Schriftenreihe der Juristischen Gesellschaft zu Berlin ; H. 154)
  ISBN 3-11-015895-7

Printed in Germany
Satz und Druck: Saladruck, Berlin
Buchbinderische Verarbeitung: Mikolai GmbH, Berlin

1. Die arbeitsrechtliche Wende

Deregulierung, Rückbau des Arbeitsrechts, ist keine bloße Idee mehr, kein Postulat, auch nicht nur im Ausland verbreitet, sondern spätestens seit dem 1. 10. 1996 deutsche Realität. Mit Wirkung von diesem Tage hat das sog. Arbeitsrechtliche Beschäftigungsförderungsgesetz 96 in den Kern des Arbeitsrechts eingegriffen, nicht minimal invasiv, sondern kräftig einschneidend.[1] Die Kleinbetriebe, in denen das Kündigungsschutzgesetz nicht gilt, sind vergrößert worden, von bisher 5 auf bis zu 10 Arbeitnehmer, wobei Teilzeitarbeitnehmer jetzt proportional angerechnet werden. Diese Einschränkung des Kündigungsschutzes gilt zunächst nur für neu eingestellte Arbeitnehmer, ab 1. 10. 1999 aber für alle Arbeitnehmer dieser Betriebe, insgesamt dann für Millionen von Arbeitnehmern. Damit wird der Anteil der nicht vom Kündigungsschutz erfaßten Arbeitnehmer nach verläßlichen Schätzungen von ca. 25 auf ca. 30 % der Arbeitnehmer steigen.[2] Schon heute können Arbeitsverhältnisse in diesen Betrieben beliebig befristet werden.[3] Dies ist um so gewichtiger, als das Gesetz auf Betriebe und nicht auf Unternehmen abstellt, so daß große Filialunternehmen mit vielen kleinen Filialen als kündigungsschutzfreies Sammelsurium von Kleinbetrieben in Betracht kommen.[4]

In größeren Betrieben besteht der Kündigungsschutz zwar fort, doch ist die wichtigste, ja fast einzige Begrenzung betriebsbedingter Kündigungen, die Sozialauswahl, wesentlich gelockert worden (§ 1 Abs. 3–5 KSchG n. F.). Ging bisher Alter vor Jugend und Bedürftigkeit vor Leistung, so läßt sich die neue Regelung auf die Formel bringen, so viele Alte und Bedürftige wie möglich, so viele Junge und Leistungsfähige wie nötig. Die Befristung von Arbeitsverhältnissen ist in den ersten zwei Jahren eines Arbeitsverhältnisses weitgehend freigegeben worden.[5]

Größere Scheu hat der Gesetzgeber vor Eingriffen in das kollektive Arbeitsrecht, d. h. in die Rechte von Gewerkschaften und Betriebsräten.

---

[1] Eine erste Kommentierung von *Löwisch*, Kündigungsschutzgesetz, 1997.

[2] *Dörsam*, Zeitschrift für Wirtschafts- und Sozialwissenschaften 1997, 55.

[3] S. *Löwisch* aaO, § 1 Rdn. 430, § 23 Rdn. 25; *Lipke* in Gemeinschaftskommentar zum Kündigungsschutzgesetz und zu sonstigen kündigungsschutzrechtlichen Vorschriften, 4. Aufl. 1996, § 620 Rdn. 92 ff. mit Hinweis darauf, daß der Kündigungsschutz der werdenden Mutter und der Schwerbehinderten nicht durch Befristungen ohne sachlichen Grund umgangen werden darf.

[4] Dazu kritisch *Bepler*, Arbeit und Recht 1997, 54.

[5] Bis zur Gesamtdauer von zwei Jahren ist auch die höchstens dreimalige Verlängerung eines befristeten Arbeitsvertrages zulässig.

Sein Wunsch, Kündigungen zu erleichtern, ist aber so stark, daß er zu zwei Änderungen im Betriebsverfassungsgesetz geführt hat. Schon das Beschäftigungsförderungsgesetz 1985 hat unternehmerische Initiativen fördern wollen, indem es neugegründete Unternehmen 4 Jahre lang von der Sozialplanpflicht freistellte (§ 112a Abs. 2 BetrVG). Dies ähnelt der Entscheidung des Beschäftigungsförderungsgesetzes 1996, Neueinstellungen in Kleinbetrieben ganz vom Kündigungsschutz freizustellen. Allerdings knüpft das Betriebsverfassungsrecht nicht an neu eingestellte Arbeitnehmer, sondern an neugegründete Unternehmen an mit der Folge, daß auch die Beendigung langjährig bestehender Arbeitsverhältnisse erleichtert wird, wenn ein Betrieb von einem neuen Unternehmen übernommen wird.[6] Dem Gesetzgeber ist es hier also nicht gelungen, den Abbau des Sozialplans und damit indirekt des Kündigungsschutzes punktgenau zur Förderung von Neueinstellungen einzusetzen, sondern er hat in Kauf genommen, daß die neue Regelung zum Abbau alter Arbeitsverhältnisse genutzt wird.

Jeder Bezug zu Neueinstellungen fehlt bei einer Änderung des Betriebsverfassungsgesetzes, die das Beschäftigungsförderungsgesetz 1996 gebracht hat. Durch die Neufassung des § 113 Abs. 3 BetrVG ist die Frist für den Interessenausgleichsversuch auf zwei bis drei Monate verkürzt worden, so daß Betriebsänderungen, insbesondere Massenentlassungen, schneller durchgeführt werden können. Die unmittelbare Wirkung dieser Regelung ist also nicht Beschäftigungsförderung, sondern Beschleunigung des Beschäftigungsabbaus.

2. Neues Denken im Arbeitsrecht

Dies ist die Umkehr einer Entwicklung, die über 150 Jahre dauerte. Seit dem preußischen Regulativ über die Kinderarbeit von 1839 ist das Arbeitsrecht immer weiter ausgebaut worden, im Interesse der Arbeitnehmer, wie man meinte. Von dem Vorläufer 1985 und der inkommensurablen Nazizeit abgesehen, ist von dem Gesetzgeber 1996 zum ersten Mal die Richtung des Arbeitsrechts wirklich geändert worden. Die Dramatik dieses Vorganges zeigt sich daran, daß man zur Beschäftigungsförderung ausgerechnet den Entlassungsschutz abgebaut hat, also den Teil des Arbeitsrechts, der gerade zur Sicherung der Beschäftigung bestimmt ist. Erleichterung der Entlassung zur Beschäftigungsförderung, das ist auf den ersten Blick paradox, auf den zweiten ein grundlegender Wandel in Philosophie und Perspektive des Arbeitsrechts. Entlassungsschutz und Befristungsschutz können als beschäftigungssichernd betrachtet werden, wenn man nur die jeweils bestehenden Arbeitsverhältnisse in den Blick nimmt. Im Hinblick auf künftige Arbeitsverhältnisse, so wird jetzt gedacht, könne dieser Schutz jedoch

---

[6] Bundesarbeitsgericht 13. 6. 1989 BAGE 62, 108 = Der Betrieb 1989, 2335.

beschäftigungshemmend wirken, weil sich viele Arbeitgeber scheuten, Arbeitnehmer einzustellen, von denen sie sich, auch wenn nicht mehr benötigt, nur schwer trennen können. Insofern könne man von einer Bumerang-Wirkung des Arbeitsrechts sprechen. Das hatte wohl auch Bundeswirtschaftsminister Rexrodt im Auge, als er neulich meinte, Entlassungen seien immer noch zu schwierig. Dagegen spricht freilich und das ist Rexrodt ja auch entgegengehalten worden, daß in den letzten Jahren trotz Entlassungsschutz Millionen von Arbeitsverhältnissen beendet worden sind, teils durch Entlassung, teils durch Aufhebungsvertrag unter Kündigungsdruck, teils freiwillig durch Aufhebungsvertrag.[7] Trotz oder wegen der dabei gemachten Erfahrungen hat Rexrodt anscheinend wie jedermann von vielen Arbeitgebern gehört, es sei immer noch so schwierig und teuer, sich von Arbeitnehmern zu trennen, daß man sie besser gar nicht einstelle.

Wenngleich der Inhalt eines deregulierten Arbeitsrechts noch zu bedenken ist, dürfte nicht bezweifelbar sein, daß neues Denken im Arbeitsrecht und über das Arbeitsrecht unabweisbar ist. Heute wirkt die überkommene Vorstellung naiv, daß man den Schutz der Arbeitnehmer durch Vermehrung arbeitsrechtlicher Schutzvorschriften beliebig erhöhen könne. Die Bumerang-Wirkung solcher Schutzvorschriften, von Einstellungen abzuschrecken und Personalabbau herbeizuführen, ist so mit Händen zu greifen, daß es eine arbeitsrechtliche Lebenslüge wäre, sie zu leugnen. Andererseits sollte das neue Denken nicht einfach dazu führen, den Abbau oder die Einschränkung des Arbeitsrechts zu verlangen. Aus verfassungsrechtlichen, politischen und sozialen Gründen ist es vielmehr das Gebot der Stunde darüber nachzudenken, ob es einen mittleren Weg gibt, der gerade so viel Arbeitnehmerschutz erreicht, daß er nicht durch negative Gegenwirkungen überlagert wird.

Natürlich merkt man nicht erst jetzt, daß unser traditionelles Arbeitsrecht kontraproduktiv wirken kann. Daß unser Entlassungsschutz den Beschäftigungsstand nicht wirklich schützen kann, zeigt sich ja schon seit dem Beginn der 80er Jahre. Unser Berliner Kollege Professor Adomeit hat 1984 das Problem auf den Punkt gebracht.[8] Am Beispiel des Tarifvertrages, aber in der gedanklichen Konsequenz das ganze Arbeitsrecht umfassend hat er gefordert, das traditionelle Günstigkeitsprinzip neu zu durchdenken. Günstiger sei es nicht, zwingende Arbeitsbedingungen zu erhalten oder gar zu schaffen, wenn dadurch Arbeitsplätze verloren gehen. Dies geht an den Kern des traditionellen Arbeitsrechts und führt zu der Frage, ob es überhaupt noch zu retten ist.

---

[7] Nach einer Statistik des Bundesministeriums für Arbeit und Sozialordnung gab es 1996 bei den Arbeitsämtern einen Zugang an Arbeitslosen von 7,14 Millionen, davon 3 798 000 aus Erwerbstätigkeit. Der Abgang betrug 6,78 Millionen.

[8] Das Günstigkeitsprinzip neu verstanden, NJW 1984, 26.

3. Abbau oder Umbau des Arbeitsrechts

Der Abbau des Entlassungsschutzes rettet das Arbeitsrecht allerdings nicht, sondern wirft es über Bord. Wenn das zur Erhaltung der Arbeitsplätze erforderlich wäre, müßte es akzeptiert werden, soweit die Verfassung nicht unverrückbare Grenzen setzt. Wenn, wie es ein Karikaturist darstellt, die bittere Alternative ist, entweder Arbeitsrecht oder Arbeit zu haben, müßte man sich als Gesellschaft und als Individuum für letzteres entscheiden. Es ist aber keineswegs sicher, daß ausgerechnet der Abbau des Entlassungsschutzes zu vermehrter Beschäftigung führt. Gewiß kann der Gedanke an die Schwierigkeit eines Personalabbaus dazu führen, daß gar nicht erst aufgebaut wird. Wenn dies das wichtigste gegen Neueinstellungen sprechende Motiv ist, ist der Abbau des Entlassungsschutzes in der Tat angezeigt. Ganz anders liegt es aber, wenn die Arbeitgeber auch aus anderen Gründen Personal abbauen wollen. In diesem Fall wird der Abbau des Entlassungsschutzes den Personalabbau erleichtern und verstärken und nicht etwa verhindern. Vieles spricht dafür, daß die deutsche Wirtschaft zur Zeit in einer solchen Situation ist. Teils infolge von Rationalisierungen, teils wegen als zu hoch empfundener Lohnkosten möchte sie sich erklärtermaßen noch von vielen Arbeitnehmern trennen, wie zuletzt wieder die rasche Verbreitung von Altersteilzeittarifverträgen zeigt. Eine Umfrage des Instituts für Mittelstandsforschung bei 1082 Unternehmen, die der Pressedienst des Instituts der deutschen Wirtschaft veröffentlicht hat (iwd 13. 2. 1997 S. 8), hat ergeben, daß die Unternehmen vor allem die Höhe der gesetzlichen und tariflichen Lohnnebenkosten als Einstellungshindernisse betrachten. Erst an dritter Stelle wird der Entlassungsschutz genannt, gefolgt von zu kurzen Arbeitszeiten und der Höhe des Tariflohnes. Dies spricht dafür, daß eine Auflockerung des Entlassungsschutzes eher benutzt würde, zu teuer empfundene Arbeitskräfte abzubauen, als sie einzustellen.

Ähnlich doppeldeutig ist der Abbau von Entlassungsschutz im Hinblick auf die Investitionsentscheidungen multinationaler Unternehmen. Wollen sie in einem Kontinent oder jedenfalls vergleichbaren Ländern Betriebe schließen, werden sie sich wesentlich auch daran orientieren, wo dies am leichtesten und billigsten ist. Es leuchtet wohl ein, daß die Leichtigkeit von Entlassungen für Desinvestitionsentscheidungen wichtiger ist als für Investitionsentscheidungen. Und daraus folgt dann, daß der Abbau des Entlassungsschutzes in einem Land eher dazu führen kann, Arbeitsplätze zu gefährden als sie zu sichern.

Es ist eigentümlich, daß sich der deutsche Gesetzgeber zur Beschäftigungsförderung auf einen Deregulierungspfad begeben hat, der jedenfalls unter den hiesigen und heutigen wirtschaftlichen Voraussetzungen auch und vielleicht sogar eher zum gegenteiligen Ziel eines verstärkten Beschäftigungsabbaus führen kann. Dies dürfte auf den Einfluß der Deregulierungskommission zurückgehen, deren 1991 vorgelegte Vorschläge zur Deregulierung des Arbeitsmarktes in die gleiche Richtung zielten, Erleichterung von Befristung und Entlassung, Begrenzung des Sozialplanes. 1991 mag das noch plausibel gewesen sein, da die Zeichen auf Vorfahrt standen und außer dem Entlassungsschutz keine wesentlichen Bremsklötze für Neueinstellungen vorzuliegen schienen. Wie anders aber heute, wo die Zeichen nicht nur auf Halt, sondern auf Rückfahrt stehen und das Tempo dieser Rückfahrt durch Abbau des Entlassungsschutzes und der Sozialpläne beschleunigt werden kann. Heute ist dieser Abbau ein Vabanquespiel mit mindestens ungewissem Ausgang. Dies gilt insbesondere für die Erleichterung des Abbaus bestehender Arbeitsverhältnisse, während die unmittelbare Verknüpfung erleichterter Entlassungen mit Neueinstellungen eher diskutabel ist (dazu unten 13).

4. Vorbild USA?

Für einen weitgehenden Abbau des Arbeitsrechts und insbesondere des Entlassungsschutzes scheint das Beispiel der USA zu sprechen. Dort gibt es bekanntlich wenig Kündigungsrecht, überhaupt wenig Arbeitsrecht, wenn auch mehr als hier bekannt, und die Beschäftigung boomt; Arbeitskräftemangel, nicht Arbeitslosigkeit ist das Problem.[9] Die Freiheit zu heuern und zu feuern (hire and fire) ist dort das, allerdings durch scharfe Diskriminierungsverbote eingeschränkte, Prinzip. Die deutschen Beobachter haben den Blick immer auf das zweite gelenkt, auf das Feuern, und übersehen, daß die Leichtigkeit der Kündigung auch Einstellungen erleichtert. Jetzt müssen wir beschämt feststellen, daß unser System nicht nur das Feuern, sondern vor allem das Heuern erschwert, während in den USA gar nicht so sehr das Feuern, sondern eben das Heuern im Vordergrund steht. Der deutsche Gesetzgeber will deshalb ja ab 1999 für ca. $1/3$ der deutschen Arbeitnehmer amerikanische Kündigungszustände einführen, nicht nur

---

[9] Die Arbeitslosenquote ist auf 4,89 Millionen zurückgegangen. Führende amerikanische Arbeitsökonomen sehen allerdings auch Schattenseiten, denn der Preis des Wirtschaftswachstums sei die Konzentration des Einkommenszuwachses bei einer kleinen Oberschicht, gipfelnd in der Frage des Harvard-Professors *R. Freeman* auf einem deutsch-amerikanischen Arbeitsmarktsymposion: „Wären Sie bereit, in den nächsten 15 Jahren alle Einkommensverbesserungen bei den reichsten 5 Prozent der Bevölkerung abzuliefern, um dadurch Beschäftigung zu schaffen?" (s. FAZ 12. 6. 1997 S. 15; 4. 8. 1997 S. 13). Mit anderen Worten: Die Amerikaner haben das Wirtschaftswachstum genutzt, um die Zahl der Arbeitsplätze zu steigern, und wir, um die Einkommen der Arbeitnehmer zu steigern. Dies scheint der erste technische Fortschritt zu sein, der nicht zur Erhöhung der Einkommen bei verkürzter Arbeitszeit führt. Warum?

10

eine Insel, sondern ein ganzer Archipel amerikanischer Rechtsgrundsätze
in unserem Land.

Es ist indessen fraglich, ob sich mit dem Feuern auch bei uns das Heuern
darstellen wird. Denn die leichtere Kündigung ist bei weitem nicht der einzige Umstand, der den US-amerikanischen Arbeitgebern die Einstellung
leichter fallen läßt. Eine unlängst vorgelegte Statistik des Instituts der deutschen Wirtschaft beziffert die Arbeitskosten in der verarbeitenden Industrie in Westdeutschland auf 47,28 DM je Stunde, in den USA auf 26,60 DM.
Daran zeigt sich wieder, daß der Entlassungsschutz bzw. sein Fehlen ganz
verschiedene Wirkungen haben kann, je nachdem ob die Arbeitgeber aufgrund der Lohnkosten grundsätzlich gewillt sind, Arbeitnehmer einzustellen oder zu entlassen. Eine grundsätzliche Einstellungsneigung, wie sie in
den USA nicht nur aufgrund der niedrigeren Lohnkosten, sondern auch
wegen der insgesamt viel geringeren Regulierungen besteht, wird durch
Kündigungserleichterungen gefördert, wie auch eine grundsätzliche Entlassungsneigung durch Kündigungserleichterungen gefördert wird, so daß
hier dann der gegenteilige Effekt eintritt.

Zu bedenken ist auch, daß ein Abbau des Kündigungsschutzes konjunkturabhängig wirkt, im Aufschwung wird eher eingestellt, im Abschwung
eher entlassen als bei stärkerem Kündigungsschutz.[10] Ähnlich zwiespältig
kann sich ein Abbau des Kündigungsschutzes auf die Strategie multinationaler Unternehmen auswirken: die Gründung neuer Betriebe wird erleichtert, ebenso aber auch der Abbau bestehender Arbeitsplätze.

5. Die Verantwortung der Rechtsprechung

a) Ansatzpunkte

Die Umsetzung des neuen Denkens obliegt in erster Linie dem Gesetzgeber. Ist auch die Rechtsprechung der Arbeitsgerichte, insbesondere des
Bundesarbeitsgerichts gefordert? Muß nicht auch sie darauf achten, daß der
arbeitsrechtliche Schutz nicht in sein Gegenteil umschlägt? Bisher sind die
Arbeitsgerichte dem Gesetzgeber ohne Zögern gefolgt, soweit er, wie schon
im Beschäftigungsförderungsgesetz 85, die arbeitsrechtliche Umkehr eingeleitet hat.[11] Mit dem Beschäftigungsförderungsgesetz 96 müssen sich die
Arbeitsgerichte noch auseinandersetzen, insbesondere unter verfassungsrechtlichen Aspekten. Die entscheidende Frage ist aber, ob die Gerichte

[10] S. *Dörsam*, Zeitschrift für Wirtschafts- und Sozialwissenschaften 1997, 55, 70: Je rigider der Kündigungsschutz eines Landes, um so niedriger ist tendenziell der jährliche Anteil der Entlassungen und um so verzögerter und schwächer reagiert diese Entlassungsquote auf Konjunkturschwankungen.
[11] Nachweise bei *Hanau/Adomeit*, Arbeitsrecht, 11. Aufl. 1994, 17.

auch unabhängig von einzelnen gesetzlichen Vorgaben bei der ihnen obliegenden Konkretisierung der arbeitsrechtlichen Generalklauseln das traditionelle arbeitsrechtliche Schutzprinzip beibehalten oder so fortbilden, daß auch die kontraproduktiven Wirkungen des „Schutzes" berücksichtigt werden. So selbstverständlich dies scheint, so schwierig ist es prozessual und psychologisch für ein Gericht, Rechtsfolgen seiner Entscheidung zu bedenken, die sich nicht auf die Prozeßparteien und überhaupt nicht auf bestimmte Personen beziehen, sondern in einem größeren volkswirtschaftlichem Zusammenhang zu erwarten sind. Die Berücksichtigung solcher Zusammenhänge ist in erster Linie Aufgabe des Gesetzgebers. Die Rolle der Gerichte im Arbeitsrecht ist aber so groß – Gamillscheg hat sie als die eigentlichen Herren des Arbeitsrechts bezeichnet –, daß der Kampf gegen negative Wirkungen des Arbeitsrechts aussichtslos ist, wenn sie sich nicht daran beteiligen.

b) Rechtsprechung als Beschäftigungshemmnis?

Besonders nachhaltig hat Professor Dr. Bernd Rüthers die Verantwortung der Arbeitsgerichte für die Auswirkungen ihrer Rechtsprechung auf den Beschäftigungsstand angemahnt, zuletzt 1996 in einer stark beachteten Schrift „Beschäftigungskrise und Arbeitsrecht – Zur Arbeitsmarktpolitik der Arbeitsgerichtsbarkeit": Dort heißt es u. a.: „Viele Arbeitsrichter und Arbeitsrechtsprofessoren wissen nicht oder wollen nicht wahrhaben, daß sie mit fast allen ihren Entscheidungen positive oder negative Rahmenbedingungen für den Wirtschaftsablauf und für die Beschäftigungsentwicklung setzen. Das gilt besonders dort, wo sie nicht vorgegebene gesetzliche Wertmaßstäbe gesetzestreu anwenden, sondern wo sie rechtsfortbildend tätig werden. Die richterliche Normsetzung findet nicht nur dort statt, wo Gesetze völlig fehlen, wie etwa im Arbeitskampfrecht. Das Tätigkeitsfeld richterlicher Regelungsmacht und zunehmender Regelungsfreude sind auch jene weiten Bereiche, in denen der parlamentarische Gesetzgeber die Normsetzung durch weitgefaßte Generalklauseln und unbestimmte Rechtsbegriffe an die Gerichte delegiert hat. So ist etwa das gesamte, scheinbar gesetzlich genau geregelte Kündigungsschutzrecht über die Generalklauseln vom ‚wichtigen Grund' in § 626 BGB und ‚sozial gerechtfertigt' in § 1 KSchG in der Wirklichkeit weitestgehend Richterrecht. Die Rechtsprechung des Bundesarbeitsgerichts dazu hat, ohne daß ein Gesetzesbuchstabe geändert werden mußte, den Kündigungsschutz in vielen Fallgruppen über Jahrzehnte hin stetig und erheblich zugunsten der Arbeitsplatzbesitzer und seit Mitte der 70er Jahre zum Nachteil der Millionen Arbeitslosen ausgebaut. ... Der Trend einer ständigen Ausweitung des arbeitsrechtlichen Sozialschutzes zugunsten der in Arbeitsverhältnissen stehenden Arbeitnehmer war und ist, wie viele Beispiele zeigen, nicht auf den Kündigungs-

schutz beschränkt. Er entspringt einer generellen Neigung der Arbeits-
rechtler, besonders der Richter in der Arbeitsgerichtsbarkeit, die zu einem
großen Teil immer noch von der lange gepflegten Vorstellung geleitet werden, der Sozialschutz sei der einzige und absolute, von allen sonstigen Rahmenbedingungen der Arbeits- und Wirtschaftsordnung unabhängige
Hauptzweck des Arbeitsrechts. Die Rechtsprechung des Bundesarbeitsgerichts belegt das in vielfältiger Weise auf allen Teilgebieten des Arbeitsrechts." (S. 51)

Als Beleg verweist Rüthers u. a. auf eine frühe Entscheidung des BAG
zum Mutterschutz[12]; ferner auf zwei Entscheidungen des BAG, in denen
die Kündigung des Arbeitgebers trotz vielfältiger Pflichtverletzungen des
Arbeitnehmers angezweifelt wurde[13]; in besonderem Maße auf die Rechtsprechung zur Kündigung wegen Krankheit und schließlich auf den von der
Rechtsprechung entwickelten Ultima-Ratio-Grundsatz, nach dem eine
Kündigung nur als äußerste Maßnahme in Betracht kommt.[14] Ferner hebt
Rüthers ein Urteil des BAG vom 13. 3. 1987 hervor, nach dem es keinen
personenbedingten Grund für die Kündigung eines nebenberuflichen Teil-
zeitarbeitsverhältnisses darstellt, daß der Arbeitnehmer als Beamter auf
Lebenszeit weitgehend abgesichert ist und an seiner Stelle ein Arbeitsloser
eingestellt werden soll.[15] Aus der Rechtsprechung zum kollektiven
Arbeitsrecht erwähnt Rüthers zunächst eine Entscheidung des Bundesarbeitsgerichts aus 1982, nach der die Mitbestimmung über die Lage der
Arbeitszeit praktisch so ausgeübt werden kann, daß ein Kaufhaus zu vor-
zeitigem Ladenschluß am sog. langen Samstag verpflichtet ist.[16] Im Arbeitskampfrecht kritisiert Rüthers vor allem die vom BAG vorgenommene
Quotierung der Aussperrung[17], die Zulassung von Warnstreiks ohne for-

---

[12] BAG 9. 8. 1963 SAE 1964, 47 mit Anm. *Rüthers* = BAGE 14, 304 = NJW 1964, 467.
[13] BAG 17. 3. 1988 BAGE 58, 37 = NJW 1989, 546; 7. 12. 1988 EzA § 1 KSchG
Verhaltensbedingte Kündigung mit Anm. *Rüthers*. Letztere Entscheidung hatte ausge-
führt, der Verstoß gegen arbeitsvertragliche Nebenpflichten könne eine Kündigung nicht
rechtfertigen, wenn er ohne Folgen geblieben sei: *Rüthers* (S. 62) weist selbst darauf hin,
daß vom BAG inzwischen klargestellt worden ist, daß verhaltensbedingte Kündigungen
– anders als krankheitsbedingte – nicht den Eintritt von Störungen im Betriebsablauf voraussetzen. Die für die Betriebspraxis unabdingbare Klarheit und Vorhersehbarkeit der
Maßstäbe für verhaltensbedingte Kündigungen stehe aber immer noch aus.
[14] *Rüthers* verweist zur Kündigung wegen Krankheit vor allem auf BAG-Entschei-
dungen vom 25. 11. 1982 und vom 23. 6. 1983, EzA § 1 KSchG Krankheit Nr. 10, 12.
[15] BAGE 54, 248 = NZA 1987, 629 = SAE 1988, 71 mit Anm. *Adomeit* = EzA § 1
KSchG Betriebsbedingte Kündigung Nr. 44 mit Anm. *Ulrich Preis*.
[16] BAG EzA § 87 BetrVG Nr. 13 Arbeitszeit mit Anm. *Richardi* = BAGE 40, 107 =
DB 1983, 953.
[17] BAG EzA Art. 9 GG Arbeitskampf Nr. 36, 37 mit Anm. *Rüthers* = AP Nr. 64 und
65 zu Art. 9 GG Arbeitskampf mit Anm. *Mayer-Maly* = BAGE 33, 140.

melle Erklärung des Scheiterns der Tarifverhandlungen[18] sowie ein neues Urteil des BVerfG, nach dem die Werbung für eine Gewerkschaft durch einen freigestellten Betriebsratsvorsitzenden auch während der Arbeitszeit durch Art. 9 Abs. 3 GG geschützt sei.[19]

c) Ein Gesamtbild der Rechtsprechung

Rüthers' eindrucksvolle Darstellung wird viele Arbeitgeber in der Überzeugung bestärken, das deutsche Arbeitsrecht sei so unerträglich, daß man Arbeitsplätze in Deutschland besser abbaue. Rüthers nimmt dies in Kauf, weil er die Beibehaltung und Fortsetzung der Rechtsprechung als noch stärkere Gefahr für die Arbeitsplätze betrachtet. Neben den von Rüthers genannten Entscheidungen, die den Sinn für die negativen Gegenwirkungen des Arbeitsrechts vermissen lassen, gibt es freilich andere, die den Zusammenhang zwischen Arbeitsrecht und Arbeitsmarkt durchaus berücksichtigen.

Für das von Rüthers als besonders bedeutsam hervorgehobene Kündigungsschutzrecht ist prägend, daß die unternehmerische Entscheidung zum Abbau von Arbeitsplätzen von den Arbeitsgerichten nur auf offenbare Willkür überprüft wird[20], eine Überprüfung, die, soweit ersichtlich, bisher nicht in einem einzigen Fall zu richterlicher Korrektur von Unternehmerentscheidungen geführt hat. Daraus erklärt es sich, daß die Rechtsprechung den Abbau von Arbeitsplätzen auch dann hinnimmt, ja legitimiert, wenn er von einem hohen zu einem noch höheren Rentabilitätsniveau führen soll.[21] Neuerdings hat die Rechtsprechung den unternehmerischen Freiraum dahin erweitert, daß er auch die Entscheidung, Arbeitsplätze nicht mit Arbeitnehmern, sondern mit freien Mitarbeitern zu besetzen, ohne gerichtliche Kontrolle umfaßt.[22] Die Gerichte haben allerdings auf einer Sozialauswahl bestanden, doch wurden sie dazu durch das Gesetz angehalten, so daß die Fortbildung des Rechts insoweit dem Gesetzgeber oblag und von ihm auch vorgenommen wurde.[23]

Rüthers kritisiert ferner die Rechtsprechung zur Kündigung wegen Krankheit, nach der Lohnfortzahlungskosten, welche jährlich für einen

---

[18] *Rüthers* verweist hier auf ein Urteil des BAG vom 17. 12. 1976, DB 1977, 824 = AP Nr. 51 zu Art. 9 GG Arbeitskampf mit kritischer Anm. *Rüthers* = EzA Art. 9 GG Arbeitskampf Nr. 19 mit Anm. *Otto;* kritisch auch *Rüthers* DB 1990, 113.

[19] BVerfG 14. 11. 1995 BVerfGE 93, 352 = AP Nr. 80 Art. 9 GG.

[20] Umfassende Darstellung bei *Ulrich Preis,* NZA 1995, 241; *Bernd Preis,* ArbuR 1997, 60.

[21] Dazu *Ulrich Preis* aaO.

[22] BAG 9. 5. 1996, DB 1996, 2033.

[23] S. § 1 Abs. 3–5 KSchG i. d. F. des arbeitsrechtlichen Beschäftigungsförderungsgesetzes 1996.

Zeitraum von mehr als 6 Wochen aufzuwenden sind, die betrieblichen Interessen erheblich beeinträchtigen und deshalb eine Kündigung rechtfertigen können. Rüthers stört daran, daß stets noch eine Interessenabwägung mit all ihren Unwägbarkeiten verlangt wird. Demgegenüber ist zu berücksichtigen, daß diese Rechtsprechung auf eine grundsätzliche Korrektur der Entscheidung des Gesetzgebers hinausläuft, bei jeder neuen Arbeitsunfähigkeit wegen Krankheit erneut einen Anspruch auf Entgeltfortzahlung bis zu 6 Wochen vorzusehen. Der vom Gesetzgeber gewollte Sozialschutz wird von der Rechtsprechung zum Kündigungsgrund gemacht, wodurch der angestrebte Sozialschutz nicht nur vereitelt wird, sondern in sein Gegenteil umschlägt. Dies ist eine Art richterlicher Notwehr gegenüber einem übermäßig empfundenen Sozialschutz und sollte kein Anlaß sein, die Rechtsprechung dafür zu kritisieren, daß sie das Gesetz nicht noch weiter aus den Angeln hebt. Korrekturbedürftig ist allerdings die gesetzliche Regelung, welche den Arbeitgeber ohne Rücksicht auf die Dauer der Betriebszugehörigkeit zu so weitgehender Entgeltfortzahlung im Krankheitsfall verpflichtet. Der Gesetzgeber beginnt dies einzusehen und hat erste Abhilfe getroffen (Wartezeit von 4 Wochen nach § 3 Abs. 2 EFZG; Erstattung der Entgelte für Fehltage in Eingliederungsverhältnissen durch das Arbeitsamt gem. § 233 SGB III). Die Rechtsprechung hat getan, was sie konnte.

Bei den von Rüthers herausgestellten Entscheidungen zu den verhaltensbedingten Kündigungen geht es um krasse Fälle, in denen die Kündigung nicht zugelassen wurde.[24] Die Rechtsprechung, insbesondere die höchstrichterliche, muß damit rechnen, daß Urteile angeprangert werden, die Arbeitgebern den Eindruck vermitteln, das Arbeitsrecht schütze Bummelanten und Simulanten. Es gibt aber auch Urteile, aus denen ein ganz anderer Geist spricht. Insbesondere zeigt die Rechtsprechung keine Nachgiebigkeit gegenüber kleinen Diebstählen und Unterschlagungen. Sie werden immer wieder als Kündigungsgrund anerkannt.[25] Neuerdings scheint allerdings die Überbelastung der Arbeitsgerichte dazu zu führen, daß sie ohne viel Rücksicht auf die Rechtslage im einzelnen Fall auf Abfindungen drängen. Dadurch bahnt sich ein Teufelskreis an, da sich bei den Arbeitnehmern der Eindruck verfestigen könnte, bei jeder Kündigung eines Arbeitgebers könne man bei Gericht eine Abfindung „herausschlagen". Dies kann zu immer mehr Klagen führen usw. Der Gesetzgeber will dem entgegen-

---

[24] S. oben zu Fn. 13.

[25] Das BAG hat sogar die fristlose Kündigung einer Kuchenverkäuferin wegen erstmaligen unberechtigten Verzehrs eines Stück Kuchens im Wert von DM 1,00 ohne spezielle Abmahnung für naheliegend gehalten, BAG 17. 5. 1984, AP Nr. 14 § 626 BGB Verdacht strafbarer Handlungen, dazu kritisch *Staudinger/Ulrich Preis,* 13. Bearbeitung 1995 § 626 Rdn. 189.

wirken, indem Abfindungen ab 1999 partiell auf das Arbeitslosengeld angerechnet werden sollen (§ 140 SGB III). Das ist aber der falsche Weg, da es in vielen Fällen die Falschen treffen wird, nämlich diejenigen, die wirklich eine Entschädigung für den Verlust ihres Arbeitsplatzes verdient haben. Es ist deshalb an die Rechtsprechung zu appellieren, nicht den Eindruck entstehen zu lassen, man könne bei Gericht immer eine Abfindung herausschlagen, gleich worauf die Kündigung beruht.

Im Arbeitskampfrecht wendet sich Rüthers vor allem dagegen, daß der 1. Senat des Bundesarbeitsgerichts in seiner Rechtsprechung zum Warnstreik eines der grundlegenden Prinzipien des Arbeitskampfrechts („Ultima-Ratio") im Widerspruch zu früherer Rechtsprechung ausgehöhlt und zugleich das Kampfgleichgewicht zum Nachteil der Arbeitgeberseite verschoben habe.[26] Im Gegensatz dazu steht, daß Rüthers das Ultima-Ratio-Prinzip im Kündigungsschutzrecht ablehnt, weil es im gesetzlichen Kündigungsschutz nicht enthalten sei. Im Wege der unbegrenzten Auslegung habe das BAG in den letzten 30 Jahren die Willkürkontrolle im Kündigungsrecht zum „Ultima-Ratio-Prinzip" fortentwickelt; eine Kündigung komme damit nur als äußerste Maßnahme in Betracht.

Es erscheint widersprüchlich, daß Rüthers das Ultima-Ratio-Prinzip, das er im Arbeitskampfrecht nachdrücklich einfordert, im Kündigungsschutzrecht vehement ablehnt. Daß die Arbeitsgerichtsbarkeit dieses Prinzip in das Kündigungsschutz- und jedenfalls im Grundsatz in das Arbeitskampfrecht eingeführt hat, beruht auf dem gemeinsamen Grundgedanken, daß erlaubte Eingriffe in Rechtspositionen anderer immer nur äußerstes Mittel sein dürfen. Richtig ist Rüthers' Feststellung, daß dieses Prinzip im Kündigungsschutzrecht heute von der Arbeitsgerichtsbarkeit stärker betont wird als im Arbeitskampfrecht, während Rüthers anders gewichten möchte. Die Gewichtung der Rechtsprechung hat aber für sich, daß Kündigungen von Arbeitsverhältnissen durch Arbeitgeber häufig sind, Arbeitskämpfe dagegen selten. Deshalb versteht es sich von selbst, daß das Ultima-Ratio-Prinzip im Kündigungsrecht eine größere Rolle spielt. Der Gesetzgeber hat dies neuerdings ausdrücklich anerkannt. § 2 SGB III i. d. F. des Arbeitsförderungs-Reformgesetzes betont die besondere Verantwortung von Arbeitgebern und Arbeitnehmern für die Erhaltung von Arbeitsplätzen. Die Arbeitgeber sollen dabei insbesondere vorrangig durch betriebliche Maßnahmen die Inanspruchnahme von Leistungen der Arbeitsförderung sowie Entlassungen von Arbeitnehmern verhindern.

Rüthers wendet sich auch dagegen, daß die Rechtsprechung das Urteil über Kündigungen auf eine Prognose darüber stützt, daß eine weitere Zusammenarbeit zwischen Arbeitgeber und Arbeitnehmer nicht in Be-

---

[26] S. oben Fn. 18.

16

tracht komme. Daß er dafür Parallelen im Schrifttum der NS-Zeit zu finden meint, ist eine Polemik, wie man sie sonst von anderer Seite gewöhnt ist; zur Sache trägt sie jedenfalls nichts bei, zumal Rüthers kein alternatives Konzept zur Beurteilung von Kündigungen aufzeigt.

d) Neues Denken für die Rechtsprechung

Wenngleich Rüthers' Kritik über das Ziel hinausschießt und in der Polemik gegen das Prognoseprinzip und seine Vertreter unter den Gürtel schlägt, ist sein Anliegen im Kern richtig und gewichtig, nämlich auch die Rechtsprechung auf das Ziel der Schaffung von Arbeitsplätzen zu verpflichten. Dies hat eine verfassungsrechtliche Grundlage nicht nur im Sozialstaatsprinzip, sondern auch in dem Grundrecht der Freiheit der Arbeitsplatzwahl, das leerläuft, wenn es keine Arbeitsplätze zu wählen gibt. Das Bundesverfassungsgericht hat die arbeitsrechtliche Dimension dieses Grundrechts in letzter Zeit durch die Annahme deutlich gemacht, daß die Freiheit der Arbeitsplatzwahl das Recht umfaßt, aus einem einmal gewählten Arbeitsplatz nicht grundlos entfernt zu werden.[27] Damit ist anerkannt, daß das Beschäftigungsinteresse der Arbeitnehmer von diesem Grundrecht geschützt wird. Dies kann aber nicht auf das Beschäftigungsinteresse derjenigen beschränkt werden die schon Arbeit haben, sondern muß auch und gerade denen zugute kommen, die noch Beschäftigung suchen. Dies ist ja gerade der Ausgangspunkt des Grundrechts auf freie Arbeitsplatzwahl, das eben denjenigen betrifft, der einen Arbeitsplatz noch nicht hat und erst wählen will.[28]
Diese Sicht des Grundrechtsschutzes lenkt auch die Rechtsprechung zu neuem Denken, nämlich dazu, die Folgen ihrer Entscheidungen für das Einstellungs- und Kündigungsverhalten der Arbeitgeber insgesamt zu berücksichtigen. Dies betrifft vor allem die höchstrichterliche Rechtsprechung, deren Aufgabe es ja gerade ist, über den Einzelfall hinauswirkende Grundsätze aufzustellen. Die höchstrichterliche Rechtsprechung kann sich deshalb nicht darauf beschränken, den jeweiligen Einzelfall aus sich und für sich zu entscheiden, sondern muß seine Folgen bedenken, auch und gerade in einer dem Arbeitsrecht und der Beschäftigung von Arbeitnehmern abholden Umwelt.

6. Flexibler Einstieg in das Arbeitsverhältnis

Das neue Denken muß sich in allen Bereichen und Situationen des Arbeitsverhältnisses bewähren. Bei seiner Begründung, bei seinem Inhalt

---

[27] 24. 4. 1991 BVerfGE 84, 133; 21. 2. 1995 BVerfGE 92, 140.
[28] Einzelheiten dazu unten unter 13.

und bei seiner Beendigung. Bei der Begründung von Arbeitsverhältnissen ist eine beschäftigungsfördernde Wirkung des Abbaus arbeitsrechtlicher Beschränkungen am ehesten zu erwarten, da es hier ja unmittelbar um den Aufbau von Beschäftigung geht. Der Gesetzgeber hat deshalb, wie eingangs erwähnt, auch hier angesetzt und die Befristung neuer Arbeitsverhältnisse zunächst einmal bis 18 Monate, dann mit dreimaliger Verlängerungsmöglichkeit bis zu zwei Jahren zugelassen. Diese neue Befristungsmöglichkeit auf zwei Jahre ist sogar gegeben, wenn ein aus anderem sachlichen Grund befristeter Arbeitsvertrag vorangegangen ist. Und sie hat sogar Vorrang vor dem Schutz von Schwerbehinderten und werdenden Müttern.

Soweit bisher erkennbar haben diese Regelungen bereits beschäftigungsfördernde Wirkung gehabt, aber nur in begrenztem Umfang. Der Gesetzgeber hat deshalb mit Wirkung vom 1. 4. 1997 einen neuen Vertragstyp, den Eingliederungsvertrag, geschaffen, um die Schwelle zwischen Arbeitslosigkeit und Arbeit weiter abzubauen.[29] Der Abbau arbeitsrechtlicher Belastungen geht hier so weit, daß die Kosten der Entgeltfortzahlung bei Krankheit und Urlaub von den Arbeitsämtern übernommen werden und das Beschäftigungsverhältnis von beiden Seiten jederzeit ohne Grund und Frist auflösbar ist. Dieser neue Vertragstyp ist allerdings auf maximal 6 Monate beschränkt.

Die *Höchstbefristung* auf 2 Jahre bzw. 6 Monate entspricht altem Denken. Denn sie macht nur Sinn, wenn sie die Arbeitgeber dazu veranlaßt, die Arbeitnehmer nach Fristablauf weiter zu beschäftigen. Neues Denken muß dagegen betonen, daß die Höchstfrist auch dazu führen kann, daß die Arbeitnehmer nach Fristablauf nicht weiter beschäftigt werden, weil der Arbeitgeber kein unbefristetes Arbeitsverhältnis eingehen will. Dem würde es entsprechen, den Nachdruck nicht auf Höchstfristen, sondern auf *Mindestfristen* des Beschäftigungsverhältnisses zu legen. So könnte bestimmt werden, daß das befristete Arbeitsverhältnis über zwei Jahre hinaus auf 5 Jahre und nicht kürzer verlängert werden kann.

7. Flexibilität im Arbeitsverhältnis

Man hat sich in Deutschland lange nicht klargemacht, daß die Arbeitsverhältnisse nicht durch Entlassungsschutz gegen die wirtschaftliche Instabilität abgeschottet werden können; die wirtschaftlichen Kräfte sind stärker als der Entlassungsschutz. Die Stabilität der Arbeitsverhältnisse kann nur bewahrt werden, wenn der wirtschaftliche Druck vom Bestand des Arbeitsverhältnisses weg auf seinen Inhalt gelenkt wird. Mit anderen Worten, die erforderliche Anpassung der Arbeitsverhältnisse an wirtschaftliche

---

[29] SGB III §§ 229 ff.

Veränderungen sollte soweit möglichst nicht durch Kündigungen, sondern durch Flexibilität *im* Arbeitsverhältnis erfolgen, also durch interne, nicht aus dem Arbeitsverhältnis hinausführende Flexibilität. Dies ist ein einfacher Gedanke, der aber viel zu wenig beachtet wurde und wird, obwohl auch er ein ausländisches Vorbild hat, nämlich Japan.[30] Es ist wohl nicht übertrieben zu sagen, daß manche Arbeitsplätze hätten erhalten werden können, wenn man den wirtschaftlichen Druck auf sie durch Flexibilität im Arbeitsverhältnis und nicht durch seine Beendigung aufgefangen hätte.

Als Beleg dafür kann gelten, daß Gesetzgeber und Tarifparteien in jüngster Zeit damit beginnen, die bisherige Starrheit der Arbeitsverhältnisse zu lockern, zu spät, zu wenig, aber immerhin. Bereits erwähnt wurde, daß das Arbeitsförderungs-Reformgesetz vom 24. 3. 1997 (BGBl. I 594) einen ab 1. 1. 1998 geltenden § 2 SGB III eingeführt hat, der schon in der Überschrift die „besondere Verantwortung von Arbeitgebern und Arbeitnehmern" für die Aufrechterhaltung von Beschäftigung durch Flexibilisierung ihres Inhalts betont. Im einzelnen sollen die Arbeitgeber insbesondere 1. im Rahmen ihrer Mitverantwortung für die Entwicklung der beruflichen Leistungsfähigkeit der Arbeitnehmer zur Anpassung an sich ändernde Anforderungen sorgen, 2. vorrangig durch betriebliche Maßnahmen die Inanspruchnahme von Leistungen der Arbeitsförderung sowie Entlassungen von Arbeitnehmern vermeiden und 3. durch frühzeitige Meldung von freien Arbeitsplätzen deren zügige Besetzung und den Abbau von Arbeitslosigkeit unterstützen. Auch die Arbeitnehmer haben bei ihren Entscheidungen verantwortungsvoll deren Auswirkungen auf ihre beruflichen Möglichkeiten einzubeziehen. Sie sollen insbesondere ihre berufliche Leistungsfähigkeit den sich ändernden Anforderungen anpassen. Die Arbeitnehmer haben zur Vermeidung von Arbeitslosigkeit 1. jede zumutbare Möglichkeit bei der Suche und Aufnahme einer Beschäftigung zu nutzen, 2. ein Beschäftigungsverhältnis, dessen Fortsetzung ihnen zumutbar ist, nicht zu beenden, bevor sie eine neue Beschäftigung haben und 3. jede zumutbare Beschäftigung anzunehmen. (Dazu *Schaub* NZA 1997, 810).

Im folgenden sollen einige Anwendungsfälle des Postulats interner Flexibilität dargestellt werden.

8. Flexible und kürzere Arbeitszeiten

Im Bereich der Arbeitszeit hat das Arbeitszeitgesetz die Regulierungsdichte weit zurückgenommen und insbesondere dem Tarifvertrag viel

---

[30] S. *Nozawa* in Studien zum japanischen Arbeitsrecht, hrsg. v. *Mukooyama, Akuzawa* und *Hanau,* 1984, 214: Die Kündigung aus wirtschaftlichen Gründen muß die letzte aller Möglichkeiten sein. Die bloße Tatsache, daß man in den roten Zahlen steht, macht noch keine Kündigung notwendig.

Raum eingeräumt. Die gesetzliche Flexibilität konnte sich freilich lange nicht auswirken, weil sie von inflexiblen Tarifverträgen überlagert wurde. Bekanntlich werden die Tarifparteien langsam aus Schaden klug und passen Dauer und Lage der Arbeitszeit und damit verbunden die Arbeitsentgelte in vielfacher Weise an die betrieblichen Bedürfnisse an, häufig gekoppelt mit einem zeitlich befristeten Ausschluß der betriebsbedingten Kündigung. Diese sogenannten betrieblichen Bündnisse für Arbeit sind nichts anderes als ein Anwendungsfall des Postulats interner Flexibilität.

Dagegen gibt es hier noch eine Reihe gesetzlicher Hemmnisse. So verlangt § 4 BeschFG 1985, daß die Dauer von Teilzeitarbeit stets von vornherein fixiert wird; selbst Bandbreiten sind unzulässig. Dies kann nur durch Tarifvertrag abgeändert werden, nicht einmal durch Betriebsvereinbarung, obwohl die Festlegung von Arbeitszeiten zur bewährten Domäne der Betriebsparteien gehört.

Ein wichtiges Mittel zur Erhaltung von Beschäftigung durch ihre Umgestaltung ist nach allgemeiner Meinung und niederländischem Vorbild die Teilzeitarbeit. Ihre Regelung im Beschäftigungsförderungsgesetz 1985 sollte sie zwar fördern, ist aber eher dazu geeignet, sie zu hemmen. Dies gilt für den bereits erwähnten § 4 ebenso wie für § 5, der die Arbeitsplatzteilung mit vielfachen Einschränkungen versieht. Hemmend für die Verbreitung von Teilzeitarbeit dürfte auch sein, daß sie im Betriebsverfassungsrecht anders als im Kündigungsschutzrecht auf die maßgeblichen Arbeitnehmerzahlen angerechnet wird. Die Aufteilung eines Vollzeitarbeitsplatzes in zwei Halbzeitarbeitsplätze kann dadurch zu erheblich verstärkten betriebsverfassungsrechtlichen Belastungen für den Arbeitgeber führen. Allerdings gibt es (noch?) keine empirischen Belege dafür, daß dies von den Arbeitgebern wirklich als Hemmnis für die Ausweitung von Teilzeitarbeit empfunden wird.

Im Bereich der Teilzeit gibt es nur eine, allerdings problematische Erfolgsstory: Die Herausnahme der geringfügig Beschäftigten aus der Sozialversicherung. Millionen von Arbeitnehmern fallen unter diese Regelung, zum Teil auch neben einer Hauptbeschäftigung, da geringfügige und nicht geringfügige Tätigkeiten nicht addiert werden. Problematisch ist dies nicht nur, weil der Sozialversicherung Beiträge entgehen, sondern auch weil die Rechtsordnung so einen starken Anstoß dafür gibt, Teilzeitbeschäftigungen klein zu halten. Auch im Ausland macht man es sich zunutze, daß die Befreiung von der Sozialversicherung ein gewaltiger Ansporn ist, doch konzentriert man es dort nicht so sehr auf die gerinfügige Beschäftigung. Man sollte also die Sogwirkung einer Befreiung von der Sozialversicherungspflicht nicht beseitigen, sondern arbeitsmarktpolitisch sinnvoller nutzen, etwa um die Beschäftigung in nicht geringfügiger Teilzeit oder von Problemgruppen zu fördern.

9. Flexible Arbeitsentgelte

Damit bin ich schon von der Arbeitszeit zum Arbeitsentgelt übergegangen. Beispiele für übermäßig starre Entgeltregelungen lassen sich dem Entgeltfortzahlungsgesetz entnehmen. Dieses gilt für alle Arbeitnehmer ohne Rücksicht auf das Einkommen, so daß selbst Berufsfußballspieler der Bundesliga im Krankheitsfall einen Anspruch auf Fortzahlung von 80 % des Gehalts einschließlich entgangener Siegprämien haben, obwohl hier keine soziale Schutzbedürftigkeit besteht.[31] Auch für Feiertage ist eine uneingeschränkte Entgeltfortzahlung vorgeschrieben, unter Einfluß entgangener Überstunden; dies kann selbst durch Tarifvertrag nicht eingeschränkt werden. Dies führt zu dem merkwürdigen Ergebnis, daß Arbeitnehmer aufgrund der neuen Tarifverträge im Krankheitsfall Entgeltfortzahlung ohne Berechnung von Überstunden erhalten, während die entgangenen Überstunden eingerechnet werden müssen, wenn in der Krankheitszeit ein Feiertag liegt.

Auch die Entgelttarifverträge sind immer noch sehr starr. Allerdings setzen sich Härteklauseln immer mehr durch, die freilich den schwierigen Nachweis voraussetzen, daß es dem Unternehmen so schlecht geht, daß es mit dem Tarifvertrag nicht leben kann, andererseits so gut, daß es auch bei einer kleinen Senkung der Tarifentgelte weiter existieren kann. In einem neuen Tarifvertrag für die chemische Industrie wird deshalb Arbeitgebern und Betriebsräten ohne bestimmte gerichtlich überprüfbare Voraussetzungen erlaubt, die Tarifentgelte durch Betriebsvereinbarung bis zu 10 % zu senken. Auch dies ist ein Anwendungsfall des Postulats interner Flexibilität. Tarifvertrags- und Betriebsverfassungsgesetz lassen Öffnungsklauseln in Tarifverträgen zugunsten von Betriebsvereinbarungen und Arbeitsverträgen uneingeschränkt zu.[32]

10. Mehr Raum für die Vertragsfreiheit gegenüber Gesetzen

Die Entwicklung der Gesetze und Tarifverträge geht also in die richtige Richtung, aber zu langsam. Deshalb stellt sich die Frage, ob man die gesetzliche Entwicklung mit verfassungsrechtlichen und die tarifvertragliche mit gesetzlichen Mitteln beschleunigen kann. Die Starrheit der gesetzlichen Regelungen beruht darauf, daß die kollektive und die individuelle Vertragsfreiheit zu sehr beschnitten sind. Denn Arbeitsrecht ist in aller Regel zwingendes Recht und kann durch Arbeitsvertrag und meist auch durch Tarifvertrag nicht zum „Nachteil" der Arbeitnehmer abbedungen werden.

---

[31] BAG 6. 12. 1995 AP Nr. 9 § 611 BGB Berufssport; ebenso für den gesetzlichen Urlaubsanspruch BAG 24. 4. 1992 AP Nr. 34 § 11 BUrlG; 25. 4. 1996 AP Nr. 40 aaO.
[32] §§ 4 Abs. 3 TVG; 77 Abs. 3 BetrVG.

Das war gut gemeint, wirkt aber schlecht, da der vordergründige Nachteil der Arbeitnehmer in Wahrheit ein Vorteil sein kann, wenn er hilft, erforderliche Anpassungen *im* Arbeitsverhältnis und nicht durch seine Beendigung vorzunehmen. Diese rechtspolitische Überlegung hat einen verfassungsrechtlichen Kern. Das Grundgesetz schützt nämlich in Artikel 9 Abs. 3 die Vertragsfreiheit der Tarifparteien und in Art. 2 I die Vertragsfreiheit der Arbeitsvertragsparteien. Viel zu lange hat man es hingenommen, daß sich das Arbeitsrecht in großem Stil über diese Vertragsfreiheiten hinwegsetzt. Das Bundesverfassungsgericht hat in seinen grundlegenden neuen Entscheidungen zur Vertragsfreiheit, im Handelsvertreterfall und im Bürgschaftsfall, ausgesprochen, daß der Gesetzgeber in die Vertragsfreiheit eingreifen muß, wenn ihre Ergebnisse aufgrund struktureller Ungleichheit einer Partei zu deren unangemessener Benachteiligung führen.[33] Dies bezeichnet man auch als das Untermaßverbot. Gleiche Beachtung verdient das Übermaßverbot, das es dem Gesetzgeber verwehrt, weiter in die Vertragsfreiheit einzugreifen als erforderlich. Und erforderlich ist eben ein gesetzlicher Eingriff nach der Rechtsprechung des BVerfG nur bei struktureller Ungleichheit und unangemessener Benachteiligung einer Partei. Für die Vertragsfreiheit der Tarifparteien hat das BVerfG diesen Gedanken in dem Beschluß zur Befristung von Arbeitsverträgen an wissenschaftlichen Hochschulen vom 24. 4. 1996 konkretisiert.[34] Danach kommt eine gesetzliche Regelung in dem Bereich, der auch Tarifverträgen offensteht, jedenfalls in Betracht, wenn der Gesetzgeber sich dabei auf Grundrechte Dritter oder andere mit Verfassungsrang ausgestattete Rechte stützen kann und den Grundsatz der Verhältnismäßigkeit wahrt. Ob der Gesetzgeber weitergehende Regelungsbefugnisse zum Schutz sonstiger Rechtsgüter hat, blieb offen, doch ist klar, daß die verfassungsrechtlich garantierte Tarifautonomie nur zum Schutz von Rechtsgütern von einigem Gewicht eingeschränkt werden kann. Es ist ersichtlich, daß der Gesetzgeber das ständig mißachtet. Welche Rechtsgüter stehen dem entgegen, daß Tarifverträge Überstunden nicht nur im Krankheitsfall, sondern auch bei Feiertagen aus der Entgeltfortzahlung herausnehmen dürfen? Welche Rechtsgüter verbieten es, daß Tarifverträge die Befristung in der ersten Phase des Arbeitsverhältnisses von zwei auf drei Jahre verlängern? Was steht entgegen, daß Tarifverträge die im Arbeitnehmerüberlassungsgesetz vorgesehenen Beschäftigungs- und Befristungsmöglichkeiten erweitern, etwa verbunden mit Regelungen, über die Bezahlung der Leiharbeitnehmer in und zwischen Beschäftigungszeiten? Die Beispiele lassen sich beliebig vermehren. Die Arbeitsgerichte sollten die Tarifautonomie nicht einseitig

---

[33] 7. 2. 1990 BVerfGE 81, 242; 19. 10. 1993 BVerfGE 89, 214.
[34] BVerfGE 94, 268.

22

zum vordergründigen Nutzen der Arbeitnehmer handhaben, sondern vom Bundesverfassungsgericht den Gedanken übernehmen, daß die Tarifautonomie grundsätzlichen Respekt verdient, auch wenn sie einmal gesetzliche Rechte der Arbeitnehmer beschneidet. Neues Denken belegt, daß auch dies letztlich den Arbeitnehmern und Arbeitssuchenden zugute kommen kann. Von struktureller Ungleichheit kann im Verhältnis der Tarifparteien ohnehin keine Rede sein.

Gegenüber Arbeitsverträgen hat der Gesetzgeber größeren Spielraum, weil bei ihrem Abschluß in der Regel von struktureller Ungleichheit der Parteien ausgegangen werden muß. Dies ist aber keineswegs immer so, wie das Beispiel der Berufsfußballspieler und anderer Spitzenverdiener zeigt. Auch würde keine unangemessene Benachteiligung vorliegen, wenn der zwingende Schutz des Arbeitsrechts sei es bei der Entgeltfortzahlung, sei es bei der Befristung, sei es bei der Änderungskündigung auf einen Betrag beschränkt würde, der etwa den Beitragsbemessungsgrenzen der Sozialversicherung entspricht. Das Sozialstaatsprinzip verlangt es nicht, Spitzengehälter arbeitsvertraglicher Abrede zu entziehen. Die Vertragsfreiheit wird durch das arbeitsrechtliche Übermaß in einer verfassungsrechtlich bedenklichen Weise eingeschränkt.

Während die Anknüpfung an die Entgelthöhe eine abstrakte Abgrenzung der sozialen Schutzbedürftigkeit wäre, die eine gesetzliche Einschränkung der Vertragsfreiheit rechtfertigen kann, gibt es auch konkrete Situationen, in denen sich im Einzelfall zeigt, daß eine arbeitsvertragliche Abrede nicht auf struktureller Ungleichheit beruht und deshalb auch keine unangemessene Benachteiligung mit sich bringt. Dies sind die Fälle, in denen der Beschäftigte eine echte Wahlmöglichkeit zwischen verschiedenen Vertragsgestaltungen hatte. Dieser Gedanke bricht sich zunehmend Bahn. So ist seit langem anerkannt, daß die Befristung von Arbeitsverhältnissen nicht als unzulässige Umgehung des Kündigungsschutzgesetzes anzusehen ist, wenn sie auf einem Wunsch des Arbeitnehmers beruhte.[35] Nicht in bezug auf Gesetze, aber in vergleichbarem Bezug auf tarifvertragliche Regelungen ist die Meinung weit verbreitet und bei der Begrenzung der Lebensarbeitszeit auch vom Großen Senat des Bundesarbeitsgerichts gebilligt, daß Tarifverträge nach dem Günstigkeitsprinzip arbeitsvertraglichen Regelungen nicht entgegenstehen, die auf freier Entscheidung des Arbeitnehmers beruhen, weil ihm die Wahl zwischen der normativ vorgegebenen und der vertraglichen Lösung gelassen wurde.[36] Das Günstigkeitsprinzip gilt auch im Verhältnis der Arbeitsverträge zu den Gesetzen, so daß auch

---

[35] BAG 22. 3. 1973 EzA § 620 BGB Nr. 18; 26. 4. 1985 AP Nr. 91 § 620 BGB Befristeter Arbeitsvertrag.
[36] BAG GS 7. 11. 1989 BAGE 63, 211 = AP Nr. 46 § 77 BetrVG; *Löwisch* DB 1989, 1187; DB 1991, 62; ZfA 1996, 293, 310.

hier der Gedanke der Wahlfreiheit anerkannt werden müßte. Warum soll Arbeitnehmern verboten werden, anstatt der vorgeschriebenen sechswöchigen Entgeltfortzahlung im Krankheitsfall eine Versicherungslösung zu vereinbaren, wenn ihnen die freie Wahl der Alternativen gelassen wird? Das Bundesarbeitsgericht hat diesen Gedanken in etwas anderer Form sogar in bezug auf die grundlegende Entscheidung anerkannt, ob jemand als Arbeitnehmer oder freier Mitarbeiter beschäftigt wird. Nach einem Urteil vom 11. 12. 1996 handelt ein Dienstnehmer rechtsmißbräuchlich (§ 242 BGB), wenn er sich nachträglich darauf beruft, Arbeitnehmer gewesen zu sein, obwohl er als freier Mitarbeiter tätig sein wollte und sich jahrelang allen Versuchen des Dienstgebers widersetzt hat, zu ihm in ein Arbeitsverhältnis zu treten.[37] In das Sozialversicherungsrecht läßt sich dies freilich nicht übertragen, da dieses auf die gesamte Solidargemeinschaft bezogen ist, aus welcher der Einzelne nicht ohne besondere gesetzliche Grundlage ausscheren kann. Das Arbeitsrecht dient aber ganz überwiegend den Interessen des einzelnen Arbeitnehmers, so daß es keinen Anlaß und keine Rechtfertigung gibt, vertragliche Gestaltungen zu verbieten, die dem Beschäftigten zur Wahl stehen und von ihm vorgezogen werden. In einem freien Staat sollte man nicht länger über die Vertragsfreiheit so hinweggehen wie es bisher geschieht.

11. Freiheit vom Tarifvertrag

In dem vorangegangenen Abschnitt wurde der Tarifvertrag als ein Mittel vorgestellt, mehr (kollektive) Vertragsfreiheit gegenüber zwingenden Gesetzen durchzusetzen. Dies ist heute eine seltene Sehweise. Ganz überwiegend wird nicht mehr Freiheit für den Tarifvertrag verlangt, sondern Freiheit vom Tarifvertrag.[38] Neben Appellen von Wirtschaft, Politik und Wissenschaft an die Tarifparteien, mehr Freiheit für Betriebsvereinbarungen und Arbeitsverträge zu lassen, mehren sich die Forderungen nach gesetzlicher Öffnung der Tarifverträge für solche – bisher als niederrangig betrachteten – Regelungen. Mehr und mehr gehen tarifgebundene Arbeitgeber dazu über, in bisher als rechtswidrig geltender Weise durch Betriebs-

---

[37] BAG Urteile vom 11. 12. 1996 5 AZR 708/95, 5 AZR 855/95.

[38] S. zuletzt *Adomeit,* Regelung von Arbeitsbedingungen und Ökonomische Notwendigkeiten, 1996; *Ehmann,* Deutschland – eine Standortfrage? Flucht aus den Tarifverträgen und aus der sozial- und nationalstaatlichen Ordnung, Die neue Ordnung Sondernr. 1996; *Hromadka,* Mehr Flexibilität für die Betriebe – Ein Gesetzesvorschlag NZA 1996, 1233; *Löwisch,* Tariföffnung bei Unternehmens- und Arbeitsplatzförderung, NJW 1997, 905; *Kort,* Arbeitszeitverlängerung „Bündnis für Arbeit" zwischen Arbeitgeber und Betriebsrat-Verstoß gegen die Tarifautonomie? NJW 1997, 1476; *Junker,* Der Flächentarifvertrag im Spannungsverhältnis von Tarifautonomie und betrieblicher Regelung, RdA 1996, 383; einschränkend *Hanau* RdA 1993, 1.

vereinbarungen oder Arbeitsverträge untertarifliche Arbeitsentgelte oder
übertarifliche Arbeitszeiten zu vereinbaren.[39] Das sind begrenzte Regelver-
letzungen, wie sie bisher als Mittel zivilen Ungehorsams von anderen ge-
sellschaftlichen Gruppen eingesetzt wurden.

In der Tat müssen sich auch die Tarifparteien der Frage stellen, ob sie die
Freiheit von Arbeitgebern und Arbeitnehmern und Betriebsräten übermäßig beschneiden. Die Tarifparteien beherzigen das jetzt, indem sie in viel
größerem Maße als der Gesetzgeber Raum für abweichende Betriebsvereinbarungen und Arbeitsverträge schaffen.[40] Zunehmend entziehen sich
Arbeitgeber auch auf legale Weise der Tarifbindung, in dem sie in die
Arbeitgeberverbände erst gar nicht eintreten oder sie verlassen. Auch dies
zeigt, daß die Forderung nach stärkerer Berücksichtigung der Vertragsfreiheit eher an den Gesetzgeber zu richten ist, dessen zwingenden Regelungen
man sich nicht durch Austritt entziehen kann, sondern nur durch Verlage-
rung ins Ausland. (So wie die Tarifparteien durch die zunehmenden Aus-
tritte vor die Frage gestellt werden, ob sie der Vertragsfreiheit mehr Raum
lassen sollen, muß sich auch der Gesetzgeber fragen, ob er der zunehmenden Zahl der Unternehmen, die sich vor seinem Zugriff ins Ausland flüch-
ten wollen, durch Gewährung von mehr Vertragsfreiheit entgegenkommen
kann.)

Damit spitzt sich bei den Tarifverträgen die Problematik auf zwei Fragen zu. Sollte man den Arbeitgebern erlauben, in den Arbeitgeberverbän-
den zu bleiben und sich trotzdem nicht an die Tarifverträge zu halten? Sollte
man Arbeitgebern, die nach ihrem Austritt noch an die nachwirkenden Tarifverträge gebunden sind, erlauben, abweichende Regelungen nicht nur
durch Arbeitsvertrag, sondern auch durch Betriebsvereinbarung zu treffen?

Ein in der Praxis zunehmend genutzter Ansatz, zwar im Arbeitgeber-
verband, aber nicht im Tarifvertrag zu bleiben, ist das Günstigkeitsprinzip.
Immer stärker bricht sich der von Adomeit 1984 formulierte Gedanke
Bahn, es sei günstiger, weniger zu verdienen und mehr zu arbeiten als im
Tarifvertrag vorgesehen, als entlassen zu werden, weil der Arbeitgeber die
tariflichen Arbeitsbedingungen nicht einhalten kann oder will (s. oben zu
Fn. 8). In der Tat wirkt eine Rechtsordnung verrückt, die Arbeitnehmer
daran hindern will, durch Verzicht auf tarifliche Leistungen ihre Arbeitsplätze zu sichern. Demgegenüber wirkt das Pochen auf Tarifverträge, Tarif-
vertragsrecht und verfassungsrechtlichen Schutz der Tarifautonomie als
neuzeitliche Bestätigung der alten Erkenntnis Summum Jus, Summa Inju-

---

[39] Wie z. B. in den Viessmannwerken, dazu und dagegen ArbG Marburg 7. 8. 1996
DB 1996, 1925, 1928.
[40] Insbesondere in der Chemieindustrie und in der Bauwirtschaft. Zu den Arbeits-
marktfragen untertariflicher Bezahlung jetzt *Mouna Thiele*, Gespaltener Arbeitsmarkt
und Beschäftigung, 1997.

ria. Hier liegt also eine Situation vor, in der neues Denken mit altem Verfassungsrecht in Konflikt gerät.

Der Konflikt ist sehr schwer zu entscheiden. Denn es gibt durchaus auch Argumente dafür, hier auf die Einhaltung der Tarifverträge zu pochen. Es sind die folgenden: Die Ausgleichs- und Friedensfunktion der Tarifverträge würde entwertet, wenn der Tarifvertrag durch nicht weiter kontrollierte und kontrollierbare Drohungen mit Betriebsschließungen außer Kraft gesetzt werden könnte. Es fehlt auch jeder Maßstab für den Vergleich, wann eine Entgeltminderung oder Arbeitszeiterhöhung günstiger ist als die Einhaltung der Tarifverträge. Ist auch eine Reduktion der tariflichen Entgelte auf $1/3$ günstig? Warum soll man diese Problematik in Kauf nehmen, obwohl die Arbeitgeber die Möglichkeit haben, aus den Verbänden auszutreten und dann nach Ablauf der Tarifverträge untertarifliche Arbeitsverträge zu schließen? Bei grundlegenden Veränderungen der Umstände, die ein weiteres Festhalten am Tarifvertrag unzumutbar machen, kommt die fristlose Kündigung des Tarifvertrages in Betracht.[41]

Weiterhin ist zu bedenken, daß die Bindung an den Tarifvertrag von den Tarifvertragsparteien gelöst werden kann, wie es in §§ 4 III TVG, 77 III BetrVG vorgesehen ist und zunehmend durch tarifvertragliche Öffnungs- und Härteklauseln konkretisiert wird. Zu erwägen ist, ob sich aus dem Mitgliedschaftsverhältnis Mitwirkungspflichten der Verbände ergeben können.

Die Tarifautonomie und ihr verfassungsrechtlicher Schutz verlieren an Gewicht und Legitimation, wenn ein Arbeitgeber nicht oder nicht mehr an einen Tarifvertrag gebunden ist. Deshalb sind untertarifliche Arbeitsverträge dann zulässig. Betriebsvereinbarungen über durch den jeweils zuständigen Tarifvertrag geregelte Angelegenheiten sind nach § 77 Abs. 3 BetrVG allerdings auch dann unzulässig, wenn der Arbeitgeber nicht oder nicht mehr tarifgebunden ist. Das Bundesarbeitsgericht hat diesen präventiven Schutz der Tarifautonomie durch die Annahme zurückgedrängt, daß mitbestimmte Angelegenheiten aus dieser Sperrwirkung des Tarifvertrages ausgenommen sind. Dies betrifft vor allem Betriebsvereinbarungen über die Lage der Arbeitszeit und den Verteilungsschlüssel betrieblicher Sozialleistungen.[42] Ob man die Sperrwirkung des § 77 III ganz beseitigen und so Tarifverträge und Betriebsvereinbarungen zu konkurrierenden Regelungsinstrumenten machen sollte, ist umstritten. Hier wird noch weiter diskutiert werden müssen, ob der Deregulierung oder dem präventiven Schutz der Tarifautonomie der Vorrang zu geben ist.

---

[41] BAG 18. 12. 1996 DB 1997, 782.
[42] BAG 18. 4. 1989 DB 1989, 1676 = AP Nr. 28 § 87 BetrVG Tarifvorrang; BAG GS 3. 12. 1991 BAGE 69, 134 = AP Nr. 51 § 87 BetrVG Lohngestaltung.

In diesem Zusammenhang zeigt sich übrigens, daß Deregulierung im Verhältnis von Tarifvertrag und Betriebsvereinbarung nicht notwendig beschäftigungsfördernd ist. Denn in bezug auf die Sozialpläne, eine wichtige Sonderform der Betriebsvereinbarungen, hat § 112 I BetrVG die Sperrwirkung des § 77 III beseitigt. Dies bedeutet, daß tarifvertragliche Sozialplanregelungen, wie sie sich besonders in Rationalisierungsschutzabkommen finden, für die betrieblichen Sozialpläne nur eine Mindestregelung darstellen und nichts an der Arbeitgeber und Investoren irritierenden Unsicherheit über die Kosten von Betriebsänderungen bessern.

12. Kündigung als Ultima Ratio

Es gibt also einige Anzeichen und noch mehr Bestrebungen dafür, daß die inhaltliche Anpassung der Arbeitsverhältnisse an veränderte Umstände von Gesetzgeber und Tarifparteien immer mehr als Alternative zur Kündigung erkannt und praktiziert wird. Freilich werden sich Kündigungen oder sonstige Beendigungen von Arbeitsverträgen aus wirtschaftlichen Gründen nie ganz vermeiden lassen. Deshalb kann man die Kündigung des Arbeitsverhältnisses nicht etwa generell für unzulässig erklären, weil die erforderlichen Anpassungen im Arbeitsverhältnis gesucht werden müßten. Allerdings besteht hier ein Stufenverhältnis, das üblicherweise als Ultima-Ratio-Prinzip umschrieben wird. Danach sind Kündigungen nur als letztes Mittel zulässig, wenn eine Anpassung im Arbeitsverhältnis nicht ausreicht. Je flexibler die Arbeitsverhältnisse werden, desto stärker können Kündigungen aufgrund des Ultima-Ratio-Prinzips vermieden oder verhindert werden. Entgegen der oben dargestellten Auffassung von Rüthers bin ich deshalb der Meinung, daß das Ultima-Ratio-Prinzip im Kündigungsrecht von der Rechtsprechung weiter ausgebaut werden sollte und zwar nicht nur als Recht, sondern auch als Pflicht des Arbeitgebers, vor Kündigungen, soweit betrieblich möglich, andere gesetzlich und tarifvertraglich vorgesehene Mittel zur Anpassung des Arbeitsangebots an den Arbeitsanfall zu nutzen. Insbesondere sollte auf einen Rückgang des Arbeitsbedarfs nicht gleich mit einer Reduktion der Arbeitnehmerzahl, sondern der Arbeitszeit reagiert werden. In diesem Zusammenhang ist wieder auf § 2 SGB III hinzuweisen (s. oben S. 18).

13. Verfassungsrechtliche Grundlagen des Kündigungsschutzes

Der Gesetzgeber hat sich aber darauf nicht verlassen, sondern, wie eingangs geschildert, den Kündigungsschutz mit Wirkung vom 1. 10. 1996 aufgelockert. Dies betrifft zunächst die Sozialauswahl. Diese war bisher die wichtigste, ja die einzige Hürde vor betriebsbedingten Kündigungen, da die unternehmerische Entscheidung, einen Arbeitsplatz abzubauen oder zu verlagern, von den Gerichten nicht kontrolliert wird. Kontrolliert wurde aber die Sozialauswahl vor allem anhand der Kriterien Lebensalter, Betriebszugehörigkeit und Unterhaltspflichten. Zwei der drei Kriterien stellen also auf das Alter ab. Dies mußte dazu führen, daß die Betriebe bei Massenentlassungen zu Altenwerkstätten werden. So weit ist es aber nicht gekommen, da sich die Arbeitgeber auf andere Weise geholfen haben, überwiegend durch Aufhebungsverträge gegen Abfindungen, teilweise wohl auch durch Schließung des ganzen Betriebes, die eine Sozialauswahl entbehrlich macht. Der erstgenannte und wichtigste Ausweg wird jetzt verlegt, da er zu teuer für die Sozialkassen wird; verschiedene Regelungen im Renten- und Arbeitsförderungsgesetz sollen Aufhebungsverträge so erschweren, daß sie nicht mehr als der Königsweg um die Sozialauswahl herum und aus dem Arbeitsverhältnis hinaus funktionieren können. Damit wäre es zum ersten Mal wirklich ernst geworden mit der Sozialauswahl, wenn der Gesetzgeber nicht gerade deswegen eingegriffen hätte. Zwar ist es bei den drei Kriterien Lebensalter, Betriebszugehörigkeit, Unterhaltspflichten geblieben. Ihre Bedeutung ist sogar dadurch verstärkt worden, daß der Arbeitgeber anders als bisher zusätzliche Umstände des Einzelfalles nicht berücksichtigen muß und vielleicht nicht einmal berücksichtigen darf. Der Vorrang des Alters wird aber auf zweifache Weise abgeschwächt. Zum einen kann der Gesetzgeber von der Sozialauswahl absehen, soweit es die Sicherung der betrieblichen Personalstruktur verlangt. Dies bedeutet, daß der Arbeitgeber nicht zuerst junge Arbeitnehmer, sondern alte und junge proportional, also der gleiche Prozentsatz von jeder Altersgruppe, wenn es sonst zu einer Überalterung kommen würde. Darüber hinaus sind nach der Neuregelung in die soziale Auswahl Arbeitnehmer nicht einzubeziehen, deren Weiterbeschäftigung, insbesondere wegen ihrer Kenntnisse, Fähigkeiten und Leistungen im berechtigten betrieblichen Interesse liegt. Dies dürfte häufig zusätzlich zu Lasten älterer Arbeitnehmer gehen.

Es liegt auf der Hand, daß hier verschiedene rechtspolitische und verfassungsrechtliche Forderungen miteinander in Konflikt geraten. Die Berücksichtigung des Leistungsprinzips und der Schutz vor Überalterung entsprechen dem verfassungsrechtlichen Schutz des Unternehmens, wie er in den Artikeln 12, 14 GG verankert ist. Dagegen steht aber das sowohl rechtspolitische als auch verfassungsrechtliche, aus Art. 12 GG und dem Sozialstaatsprinzip abzuleitende Postulat, alternde Arbeitnehmer nicht zu schnell in die Arbeitslosigkeit zu verabschieden.

Bundesverfassungsgericht und Bundesarbeitsgericht haben ausgesprochen, daß sogar außerhalb des Kündigungsschutzgesetzes aus verfassungsrechtlichen Gründen eine Sozialauswahl vorzunehmen ist.[43] Der Arbeit-

---

[43] BVerfG 24. 1. 1997 BVerfGE 84, 133, 154; 21. 2. 1995 BVerfGE 92, 140, 152; BAG 19. 1. 1995 EzA Art. 20 Einigungsvertrag Nr. 43.

geber dürfe nicht willkürlich handeln oder besonders schutzwürdige Arbeitnehmer vorrangig entlassen. Er müsse seine einseitige, einzelne Arbeitnehmer belastende Auswahlentscheidung nach vernünftigen, sachlichen Gesichtspunkten treffen und billiges Ermessen wahren. Insbesondere dürfe er nicht nur eigene Belange berücksichtigen. Bei Anwendung der Generalklauseln der §§ 242, 315 BGB und, wie man hinzufügen kann, § 1 KSchG, seien das Sozialstaatsprinzip des Art. 20 Abs. 1 GG und der Gleichheitssatz des Art. 3 Abs. 1 GG zur Geltung zu bringen. Dienstliche bzw. betriebliche Gründe und soziale Belange seien gegeneinander abzuwägen. Die Bedeutung des Sozialstaatsprinzips verbiete es, den Auswahlbelangen des Arbeitgebers eine Vorrangtendenz einzuräumen. Solche Belange seien vielmehr in die Abwägung der beiderseitigen Interessen einzustellen. Sie könnten je nach ihrem Gewicht dazu führen, daß einem nach sozialen Gesichtspunkten an sich schutzwürdigeren Arbeitnehmer zu Recht gekündigt werde. Aufgabe der Gerichte sei es, das Gewicht einzelner Auswahlbelange im Verhältnis zu einer höheren sozialen Schutzwürdigkeit des Arbeitnehmers zu bestimmen. Die besondere Lage von Schwerbehinderten, älteren Arbeitnehmern, Alleinerziehenden und anderen in ähnlicher Weise Betroffenen müsse berücksichtigt werden.

Das ist auf die Abwicklung des öffentlichen Dienstes der DDR gemünzt, aber so allgemein formuliert, daß es auch für die Privatwirtschaft gelten muß. So wird es im Schrifttum auch verstanden.

Das Bundesverfassungsgericht hat ausdrücklich erklärt, daß das Kündigungsschutzgesetz den verfassungsrechtlichen Anforderungen standhält.[44] Das bezog sich aber auf die bisherige Regelung, so daß die Neuregelung der Sozialauswahl die verfassungsrechtliche Probe erst bestehen muß. Auf dem Prüfstand steht hier alles, die Beschränkung der Sozialauswahl auf die drei Kriterien, die proportionale Berücksichtigung von Alten und Jungen und der Vorrang berechtigter betrieblicher Interessen, erst recht die Vergrößerung der kündigungsschutzfreien Kleinbetriebe, die den Arbeitgeber ja von jeder sozialen Auswahl und jeder Berücksichtigung besonders schutzwürdiger Arbeitnehmer freistellt.

In diesem Bereich kollidiert also der Deregulierungsgedanke am stärksten mit dem Verfassungsrecht. Allerdings hat auch der Gedanke, durch den Abbau von Kündigungsschutz Beschäftigung zu fördern, einen verfassungsrechtlichen Stellenwert. Denn Art. 12 GG schützt nicht nur das Interesse der Arbeitnehmer, den einmal gewählten Arbeitsplatz zu behalten, sondern auch das Interesse der Arbeitsuchenden, einen Arbeitsplatz zu erlangen. Der erste Leitsatz des Urteils des Bundesverfassungsgerichts vom 24. 4. 1991[45] läßt den arbeitsrechtlichen Schutzbereich des Art. 12 I GG in

---

[44] BVerGE 84, 133, 147; 92, 140, 150.
[45] BVerfGE 84, 133.

seinem ganzen Umfang erkennen. Schutz des einzelnen „in seinem Ent-
schluß, eine konkrete Beschäftigungsmöglichkeit in dem gewählten Beruf
zu ergreifen, beizubehalten oder aufzugeben".

Für den Bereich, in dem der Gesetzgeber den Kündigungsschutz zurückgenommen hat, also insbesondere für die nicht dem Kündigungsschutzgesetz unterliegenden Kleinbetriebe bis zu 10 Arbeitnehmern wird im Schrifttum diskutiert, ob Beschäftigungsförderung durch Deregulierung und
Schutz bestehender Arbeitsverhältnisse durch eine Art Kündigungsschutz
zweiter Klasse harmonisiert werden können.[46] Kündigungen würden danach anerkannt, wenn der Arbeitgeber plausible, nicht diskriminierende
Gründe glaubhaft machen kann, ohne sie beweisen zu müssen. Auch bei der
Zurücknahme des Sozialschutzes durch die stärkere Berücksichtigung betrieblicher Belange ist eine mittlere Linie dahin vorstellbar, daß die nach
§ 1 III S. 2 KSchG maßgeblichen betrieblichen Belange je gewichtiger sein
müssen, desto gewichtiger die entgegenstehenden sozialen Belange sind.
Die mit diesem Abwägungserfordernis verbundene Rechtsunsicherheit
könnte durch die in § 1 IV und V KSchG vorgesehenen kollektivvertrag-
lichen Regelungen gemildert werden.

14. Wie geht es weiter?

Das neue Denken wird sich Bahn brechen. Es ist einfach nicht länger zu
übersehen oder zu verschweigen, daß das Arbeitsrecht das Gegenteil dessen bewirken kann, was es zum Schutz der Arbeitnehmer bedeuten soll. Es
ließen sich dafür noch mehr Beispiele geben, so die Gefährdung von
Arbeitsplätzen durch den auf § 613a BGB beruhenden Zwang, bei sanie-
renden Betriebsübernahmen alle Arbeitnehmer zu übernehmen. Die Frage
kann nur sein, zu welchen neuen Lösungen das neue Denken führt. In Betracht kommen die amerikanische Lösung, die das Arbeitsrecht einschließlich der Tarifverträge ganz klein schreibt, und eine europäische Lösung, die
versucht, bei dem Konzept einer sozialen Marktwirtschaft zu bleiben in
dem Sinne, daß die Marktwirtschaft nicht per se als sozial gilt, sondern
durch arbeits- und sozialrechtliche Vorschriften gesteuert wird. Das will
auch unsere Verfassung. Es bleibt nur zu hoffen, daß es nicht an der Realität scheitert.

---

[46] *Oetker,* Arbeit und Recht 1997, 41; *Bernd Preis,* NZA 1997, 625, 628; *Lakies,* DB
1997, 1078; zurückhaltend *Löwisch,* DB 1997, 782.

www.ingramcontent.com/pod-product-compliance
Lightning Source LLC
Chambersburg PA
CBHW050648190326
41458CB00008B/2470